# Fiche **philosophe**

Par Marie-France Battisti

# Sartre

lePetitPhilosophe.fr

# SARTRE

## ÉCRIVAIN ET PHILOSOPHE FRANÇAIS EXISTENTIALISTE

- **Né en 1905 à Paris**
- **Décédé en 1980 à Paris**
- **Quelques-unes de ses œuvres :**
  - *La Nausée* (1938), roman
  - *L'Être et le Néant* (1943), essai
  - *Critique de la raison dialectique* (1960), essai

Philosophe, romancier, biographe, essayiste et dramaturge, Jean-Paul Sartre a résolument marqué le **XXᵉ siècle** non seulement par sa **diversité** et sa **fécondité**, mais aussi par son **engagement** dans de nombreux combats de l'époque, ce qui l'a rendu extrêmement populaire.

Fervent défenseur d'une liberté fondée sur le choix et la sur responsabilité du sujet, il est l'un des représentants majeurs de **l'existentialisme athée français**. Bien qu'il soit au départ influencé par la phénoménologie, Sartre entend développer une morale humaniste. On retrouve dans sa philosophie les concepts importants de mauvaise foi, de liberté, de choix, de néant, de projet, de contingence, de situation ou encore de conscience. Ses théories ont rencontré un **immense succès** et de nombreuses formules sartriennes sont devenues célèbres : « L'enfer, c'est les autres » ; « Jamais nous n'avons été plus libres que sous l'Occupation allemande » ; « L'existence précède l'essence » ; « L'homme est une passion inutile » « Ce qui importe n'est pas ce qu'on a fait de nous, mais ce que nous faisons nous-mêmes de ce qu'on a fait de nous », etc.

# BIOGRAPHIE

## UN ENFANT CHOYÉ, MAIS COMPLEXÉ

Jean-Paul Sartre est **né à Paris en 1905** et habitera toute sa vie entre Saint-Germain-des-Prés et Montparnasse. Son père, Jean-Baptiste Sartre, polytechnicien, meurt lorsqu'il n'a que quinze mois. Sartre considère cette mort prématurée comme une réelle bénédiction car cela lui évite de construire sa vie dans l'ombre d'un autre. Sa mère, Anne-Marie Schweitzer, qui l'appelle Poulou, fait dès lors de lui **un enfant-roi**.

Le jeune Sartre grandit auprès de sa mère et des parents de cette dernière. Dès son plus jeune âge, il se construit autour de la lecture et de l'écriture : son objectif est de faire de la littérature. Il décrit son enfance dans son autobiographie, Les Mots (1964). C'est aussi un garçon **complexé par son apparence extérieure** : de petite taille, il a le visage plutôt laid et un strabisme prononcé.

## UN ÉTUDIANT BRILLANT

Après des études au lycée Henri IV, Sartre entre au lycée Louis-le-Grand de Paris afin de préparer son entrée à **l'école normale supérieure**, qu'il intègre alors qu'il est âgé d'à peine dix-neuf ans. Il y rencontre notamment Maurice Merleau-Ponty (1908-1961). En 1927, il obtient son diplôme, mais il échoue à l'agrégation en 1928. L'année suivante, en 1929, il fait la rencontre de **Simone de Beauvoir** (1908-1986) qui sera sans conteste la femme la plus importante de sa vie. Ils vivront une relation complexe, très riche intellectuellement, qui durera plus d'une cinquantaine d'années. La même année, il est reçu **premier au concours de l'agrégation**. Après son service militaire, il entame une **carrière d'enseignant** au lycée du Havre.

Après quelques débuts prometteurs dans l'enseignement, Sartre a la chance de dispenser des cours à **l'Institut français de Berlin** où il succède à Raymond Aron (1905-1983) en 1933. Il y suivra les cours des philosophes **Edmund Husserl** (1859-1938) et **Martin Heidegger** (1889-1976), des influences qui seront déterminantes pour lui.

## DE L'ENTRÉE EN LITTÉRATURE À LA NOTORIÉTÉ

Sartre a essuyé plusieurs refus de la part des éditeurs avant de voir publier chez Gallimard son premier ouvrage intitulé **un roman**, *La Nausée*, en **1938**. La gloire dont il rêvait depuis longtemps semble alors enfin arriver. Mais c'est sans compter sur **la Seconde Guerre mondiale** : il est engagé comme soldat météorologiste et **fait prisonnier** en juin 1940 dans un camp allemand, une expérience qui le bouleverse et par laquelle il apprendra la solidarité.

Lorsqu'il est libéré, en **1941**, Sartre abandonne l'individualisme qui le caractérisait jusque-là. Il est dorénavant **déterminé à agir** : il participe à plusieurs revues clandestines et fonde, avec Simone de Beauvoir notamment, **le mouvement résistant « Socialisme et liberté »**. À sa dissolution, Sartre poursuit la résistance par le biais de ses écrits : en

**1943**, il fait représenter sa pièce *Les Mouches*, une parabole de l'Occupation, et publie *L'Être et le Néant*, un essai dans lequel il défend ses **thèses existentialistes**.

Quelque temps plus tard, en **1945**, il fonde la revue *Les Temps modernes* avec Merleau-Ponty, ce qui constitue une nouvelle étape pour lui : cette revue sera l'occasion de **diffuser ses idées existentialistes**. Dans le même esprit, il publie en 1946 L'existentialisme est un humanisme, ouvrage dans lequel il résume ses théories. Il connait à cette époque un **immense succès** qui en fait un des intellectuels majeurs des années 1940-1950.

## UN ENGAGEMENT CONTINUELLEMENT RENOUVELÉ

Les deux guerres mondiales, l'Europe des blocs ou encore le socialisme russe sont autant de moments de l'histoire qui rendent nécessaire une réflexion sur la liberté des individus. C'est donc à partir de ces évènements que Sartre développe **une pensée axée sur la liberté de l'homme lorsqu'il est pris dans un contexte qu'il doit impérativement dépasser sous peine d'être emprisonné par celui-ci**. Plus précisément, le philosophe tente de comprendre comment la liberté humaine peut encore avoir du sens dans un monde où l'action semble déterminée.

Le début des **années 1950** représente les premiers **engagements concrets de Sartre en faveur de la liberté**. D'abord séduit par le marxisme, il cherche, avec d'autres intellectuels de l'époque, une voie médiane entre communisme et capitalisme. Il participe même à un moment à la création d'un nouveau parti politique, une expérience qui n'aboutira pas. De **1952 à 1956**, il intègre les rangs du **parti communiste**, voyant dans le communisme une possible solution aux problèmes des ouvriers. **Dans les années 1950 et 1960**, on peut dire que **Sartre est de tous les combats** : il soutient le Front de Libération National, pour l'indépendance de l'Algérie ; il s'engage en faveur de la cause palestinienne ; il devient membre du Conseil mondial de la paix ; il soutient la révolution cubaine ; il prend part à la révolte de mai 1968, etc.

## BON À SAVOIR

Le **marxisme** désigne la philosophie de Karl Marx (1818-1883) et de Friedrich Engels (1820-1895) : ceux-ci se livrent à une critique de l'économie capitaliste et développent le matérialisme dialectique et historique.

Le **communisme** est un système économique et social qui se caractérise par la mise en commun des moyens de production, la répartition des biens matériels produits selon les besoins de chaque individu et la suppression des classes sociales.

Le **capitalisme** est au contraire un système économique et social qui se caractérise par la propriété privée des moyens de production ainsi que par la recherche du profit.

Mais **ses engagements divers ne l'empêchent pas d'écrire** :

- en **1952**, il publie une **biographie consacrée à Jean Genet** (1910-1986) ;
- en **1960** parait son second ouvrage philosophique majeur, ***Critique de la raison dialectique***, censé concilier marxisme et existentialisme ;
- dans la foulée, son autobiographie, ***Les Mots***, parait en **1963** dans *Les Temps modernes* ;
- avec ***L'Idiot de la famille***, publié en **1971**, Sartre signe une seconde biographie, consacrée à Gustave Flaubert.

Lorsqu'en **1973**, presque aveugle, Sartre prend **la direction du journal *Libération***, il montre qu'il a encore la volonté de s'engager, et ce jusqu'au bout. Convaincu qu'il n'a pas encore tout écrit, qu'il n'a peut-être pas pu formuler avec exactitude l'essentiel de l'existence, Sartre revient sur différents concepts lors de plusieurs entretiens avec Benny Lévy. Ces entretiens donneront naissance à un dernier ouvrage, ***L'Espoir maintenant***, publié en **1980**. Hospitalisé en mars 1980 pour un œdème pulmonaire, il décède le 15 avril.

# CONTEXTE PHILOSOPHIQUE

## L'EXISTENTIALISME CHRÉTIEN ET L'EXISTENTIALISME ATHÉE

Le terme d'existentialisme apparait pour la première fois dans un ouvrage de Martin Heidegger, *Être et Temps* (1927). On distingue **deux types d'existentialisme** : athée et chrétien. Le premier est qualifié d'« existantial », le second d'« existentiel ». Même si cette différence n'est pas toujours soulignée, elle montre toutefois les perspectives spécifiques de ces deux philosophies :

- pour **l'existentialisme chrétien**, il s'agit de faire une **description psychologique ou morale du sentiment d'existence**. Autrement dit, il est question de décrire les implications morales ou les dispositions psychologiques relatives au fait même de percevoir que nous existons. Pour y parvenir, on s'intéresse à des situations particulières telles que la souffrance ou la faute, par exemple. Les philosophes attachés à cette conception sont Karl Jaspers (1883-1969) et Gabriel Marcel (1889-1973) ;
- pour **l'existentialisme athée**, il est question d'une **analyse métaphysique des éléments fondamentaux de l'existence**. Il s'agit d'étudier l'être ainsi que ses conditions d'existence, autrement dit de se demander : « Qu'est-ce qu'être ? » On s'intéresse dès lors aux caractères universels de toute existence humaine : la liberté et la contingence, par exemple. Les représentants de ce courant sont notamment Jean-Paul Sartre, Albert Camus (1913-1960), Martin Heidegger ou encore Maurice

Merleau-Ponty.

## UNE CRITIQUE DE L'IDÉALISME ET DU RATIONALISME

En réalité, **l'existentialisme athée nait en réaction aux courants idéaliste et rationaliste**, par ailleurs très proches l'un de l'autre :

- **l'idéalisme** considère que **le monde extérieur n'existe pas sans la présence d'un sujet pour le penser**, pour lui donner une réalité concrète. Le monde extérieur n'est donc que **le résultat des représentations de la conscience**. L'idéalisme privilégie dès lors ces représentations en leur donnant plus de valeur qu'à la réalité elle-même. « Être » pour l'idéaliste signifie avant tout « être perçu » : l'être se réduit aux représentations que nous produisons ;
- **le rationalisme** estime pour sa part que **l'esprit est détenteur de connaissances à priori, c'est-à-dire indépendantes de l'expérience**. Nous ne connaissons donc les choses qu'à partir de l'usage de notre capacité de réflexion et non à travers les expériences que nous faisons de la réalité. Notre connaissance s'établit uniquement à partir de lois inscrites à priori dans notre esprit et des explications qui en découlent par le biais de l'induction.

Quant à **l'existentialisme athée**, il déclare que **l'homme est d'abord « néant »** : son existence est absurde car elle n'a pas de réelle justification à priori. L'homme doit donner lui-même du sens à son existence et, de cette manière, devenir un être raisonnable. De plus, il est le sujet d'une liberté absolue qu'il ne peut refuser. L'existentialisme propose donc **une autre conception de l'existence humaine, dont l'élément de départ**, divergeant des deux courants vis-à-vis desquels il réagit, **est l'importance du monde extérieur et, plus particulièrement, de l'expérience que l'homme fait de lui-même**. C'est au travers de cette expérience qu'il parvient à se définir.

## L'HÉRITAGE DE HUSSERL ET DE HEIDEGGER DANS LA PENSÉE SARTRIENNE

Lors de son séjour à Berlin, Sartre suit les cours d'Edmond Husserl et de Martin Heidegger. Il y puisera les bases de sa pensée.

Tout d'abord lecteur de **Husserl**, Sartre reprend **le concept d'intentionnalité**. De manière générale, l'intentionnalité exprime la relation entre notre esprit et les objets qui nous entourent : la conscience est toujours conscience de quelque chose. De manière particulière, pour Husserl, ce concept désigne **le mouvement que fait la conscience lorsqu'elle se dirige vers un objet**. Par ce mouvement, la conscience donne du sens à l'objet vers lequel elle se dirige et, partant, se crée. Par conséquent, la conscience ne contient pas en elle-même les objets.

À travers la lecture de **Heidegger**, Sartre perçoit **l'importance des analyses existentielles de l'homme en situation** telles qu'elles sont développées dans *Être et Temps*. Heidegger y décrit le *Dasein*, c'est-à-dire l'homme comme

« être-là », à travers son rapport avec le monde ainsi qu'à travers ses questionnements (concernant son être, son identité, son rapport à la technique ou encore son rapport au temps, par exemple). Tous ces questionnements ont quelque chose à dire sur l'être du *Dasein*. Il est donc nécessaire pour Heidegger de les analyser.

Sartre, intéressé par cette démarche, en reprend notamment **les concepts d'angoisse et de facticité**, résultant de l'analyse du *Dasein* et qui conditionnent ce dernier. Toutefois, si Heidegger tente de définir l'être, Sartre se penche plutôt sur la question de l'homme. En effet, pour ce dernier, ce n'est pas l'être seul qui est digne d'intérêt : il s'agit d'étudier la globalité de l'expérience humaine, à savoir également les sentiments, les actions, la raison.

## BON À SAVOIR

La **phénoménologie** désigne l'étude et la description des phénomènes et de leur apparition.

# PENSÉE ET APPORT

## UNE PENSÉE EN CHEMIN

La pensée de Sartre évolue tout au long de sa vie. Jeune, n'ayant pas encore lu ni Husserl ni Heidegger, il rédige *La Nausée* et *Le Mur*, notamment. Mais on peut déjà y trouver l'idée que l'existence est absurde, qu'elle est contingente, autrement dit qu'elle pourrait ne pas être.

Après la lecture de Husserl et de Heidegger émerge l'œuvre majeure qu'est ***L'Être et le Néant***. Sartre y tente **la fondation d'une ontologie** (étude qui prend pour objet l'être en tant qu'être) et y expose le couple conceptuel en-soi et pour-soi. Toutefois, le philosophe a également le projet de décrire ce que la réalité humaine doit être et non simplement ce qu'elle est, autrement dit d'**élaborer une morale**. On trouve les prémisses d'une telle description dans les ***Cahiers pour une morale***, œuvre inaboutie.

Vient ensuite ***La Critique de la raison dialectique*** où Sartre essaye de **faire coïncider le marxisme et l'existentialisme**. On y découvre une morale du groupe et de l'action à travers le couple praxis et pratico-inerte, mais également une philosophie de l'histoire dans laquelle le sujet n'est pas soumis au cours inexorable de l'histoire, car sa liberté dépasse la nécessité du processus historique.

*L'Être et le Néant* et *La Critique de la raison dialectique* proposent une philosophie qui a véritablement renouvelé la pensée française de l'époque : **l'homme se définit par**

**sa liberté et est condamné à être libre**. L'existence de chaque individu devient alors la réalisation d'un projet qu'il a librement choisi. Dès lors, l'existentialisme sartrien se révèle être une morale de la liberté : l'homme n'est rien à priori, il est une pure possibilité. En cela, l'existentialisme sartrien est une réponse à la disparition des anciens repères et idéaux traditionnels.

## L'ONTOLOGIE SARTRIENNE

### L'existence précède l'essence

Pour répondre à la question « Qu'est-ce que l'homme ? », on est obligé de reconnaitre l'importance de la situation, de la réalité extérieure. Il n'y a selon Sartre pas d'essence de l'homme, de nature humaine, qui existerait indépendamment de toute réalité, de toute existence concrète. Selon la célèbre formule du philosophe, « l'existence précède l'essence » :

- **d'abord, l'homme existe** : il se projette et s'engage dans le monde, il rencontre l'autre ;
- **ensuite, il se définit** par ses choix et ses actes (<u>citation 1</u>).

### L'en-soi et le pour-soi

Pour Sartre, **la réalité humaine est composée de deux entités qui s'opposent** :

- **l'en-soi** désigne **l'être des choses**, ce que les choses sont, leur essence ;
- **le pour-soi** est **la conscience de soi et la conscience des choses**.

L'en-soi représente l'ensemble des données que nous avons en nous, tandis que le pour-soi représente notre conscience qui se projette et qui ne coïncide pas avec ces données. **Les objets sont essentiellement en-soi, tandis que les hommes se caractérisent par leur pour-soi**. Par exemple, nous avons un nom et un prénom, mais nous ne sommes pas réductibles à ce fait, établi par des registres nationaux ; nous sommes toujours plus que ça, plus que notre en-soi, car nous sommes libres de dépasser ces déterminations, nous sommes capables de nous mettre en projet en prenant conscience de notre existence et des choses qui nous entourent, autrement dit d'être pour-soi.

**L'en-soi, c'est la facticité, c'est-à-dire la contingence** (l'en-soi pourrait ne pas exister), tandis que **le pour-soi, c'est la situation, c'est-à-dire la prise de conscience que nous ne sommes pas déterminés par des faits donnés**. Le pour-soi est un acte de projection vers l'extérieur, au-delà de notre simple facticité, de notre en-soi. Par exemple, dans un train, les sièges sont des sièges, leur en-soi les détermine pour toujours comme sièges. En tant qu'homme, on peut nous considérer comme une donnée dans le décor du train, mais nous n'y sommes pas réductibles : grâce au pour-soi, à notre conscience qui nous projette dans le monde, nous pouvons dépasser notre facticité, notre en-soi, qui correspond au fait d'être dans ce train (citation 2).

Il peut arriver que la conscience veuille coïncider avec son en-soi : devenir en-soi-pour-soi. Mais, selon Sartre, c'est pur fantasme et le véritable exercice de la liberté se fait alors en renonçant à ce fantasme.

## La conscience comme néant

Le pour-soi, **la conscience, est toujours conscience de quelque chose**. Cela signifie qu'elle est capable de mettre à distance les choses ou de faire en sorte que l'on fasse abstraction des choses qui nous entourent. Lorsque la conscience met les objets à distance, **elle conçoit qu'elle n'est pas ces objets et découvre qu'elle est néant**.

En effet, à l'aide de notre conscience, nous comprenons que notre existence ne se réduit pas au fait d'être voyageur dans un train, par exemple. Nous nions alors cette réalité et **nous envisageons notre existence au-delà de ce qui nous est donné**, nous nous projetons vers autre chose que notre être-là, assis dans ce train, et nous nous trouvons face à une quantité de possibilités autres. Nous sommes alors néant dans le sens où :

- nous sommes ce que nous ne sommes pas, voyageur ;
- nous ne sommes pas ce que nous sommes, un être libre de choisir.

Bref, la conscience n'est qu'un trou d'être, un néant, puisqu'elle reçoit une connaissance (la connaissance de telle détermination, par exemple le fait d'être voyageur) qui ne coïncide jamais avec ce qu'elle est : **le pour-soi nie sans cesse être l'en-soi qu'il observe** (citation 3). C'est là **la liberté pure de la conscience**. Sartre pose ainsi que la réalité humaine, donnée à travers la conscience, est irréductible aux déterminismes.

## La contingence de l'existence

Sartre exemplifie ses théories grâce à l'explication de son expérience du **cinéma** : on a affaire à **des scènes mises bout à bout qui, seules, n'auraient pas de réelle cohérence** ; elles deviennent cohérentes uniquement car nous les attachons les unes aux autres. Dès lors, **l'existence réelle du film**, différente de chaque scène cinématographique prise séparément, semble **contingente** : le film aurait pu ne pas être ce qu'il est. En effet, le réalisateur aurait pu couper l'une ou l'autre scène, les agencer selon un autre ordre ou choisir d'autres acteurs, ce qui aurait donné un résultat différent.

Par conséquent, comme au cinéma, dans l'existence, **les choses pourraient se produire d'une autre manière**, car elles ne résultent que de circonstances extérieures ou de nos choix personnels, de même que l'agencement des scènes d'un film ne dépend que de la volonté du réalisateur. En ce sens, **l'existence humaine est contingente**. Pour reprendre l'exemple du train, il est possible que le train ait un problème et qu'il n'arrive pas à destination : nous aurions donc pu ne pas être un voyageur.

## L'homme comme liberté et responsabilité

De manière générale, pour Sartre, **le monde n'est soutenu par rien, ni par des valeurs ni par une divinité quelconque** : nous ne pouvons pas nous raccrocher aux valeurs, comme le bien, ou à une divinité pour justifier ce qu'il nous arrive. Cela signifie :

- d'une part, que **nous sommes totalement libres**. C'est

en ce sens que Sartre dit que l'homme est « condamné »
à être libre ;

- d'autre part, que **nous sommes les seuls responsables
du cours de notre existence** (citation 4).

Par ailleurs, **l'homme n'est pas seulement responsable
de lui-même : il est responsable de tous les hommes**
(citation 5). En effet, en se choisissant, il choisit aussi tous
les hommes puisqu'il crée une image de l'homme tel qu'il
estime qu'il doit être.

Dès lors, face à cette responsabilité qui lui incombe,
**l'homme angoisse** (citation 6), nous dit Sartre, mais cette
angoisse n'est pas négative, car elle lui permet de décider du
cours qu'il veut donner à son existence.

## L'existence inauthentique

Pour le philosophe, **l'angoisse** désigne l'attitude que
l'homme adopte face à la contingence (ou facticité) de
l'existence et qui **favorise l'exercice de la liberté**. À travers
l'angoisse qu'il ressent lorsqu'il se trouve face à la possibilité
de dépasser ses propres déterminations, l'homme se rend
compte de la liberté dont il dispose : celle de décider de
l'orientation de son existence et de lui donner pleinement
sens.

Toutefois, **cette liberté donne le vertige** car l'homme se
demande : « Que faire ? » Dès lors, il a **deux possibilité**s :

- **répondre à l'appel de la liberté** ;
- **se cacher derrière de vaines excuses** pour justifier le fait

qu'il veuille **échapper à la liberté**. S'il parvient à se déresponsabiliser par rapport à cette liberté dont il dispose, selon Sartre, il fait preuve de **mauvaise foi**. Il vit alors de manière **inauthentique**. Il joue un personnage, un rôle : autrement dit il parait mais n'existe pas vraiment, il fuit sa réalité.

## Le pour-autrui

Le philosophe s'interroge aussi sur notre rapport avec autrui : **que se passe-t-il lors de la rencontre avec un autre individu ?** L'autre nous regarde, explique-t-il, et, par ce regard, **il nous objective**, il nous chosifie. En d'autres termes, il nous fige dans une image qu'il produit de nous en train de faire quelque chose de précis, il nous réduit à cette représentation qu'il a de nous. Ainsi, à travers le regard de l'autre, **nous devenons pour-autrui**, une objectivation d'autrui. Selon Sartre, nous sommes alors réduits à l'état de choses et **nous correspondons à notre en-soi** (citation 7). Dans le train, par exemple, nous pouvons observer les passagers qui nous entourent et être observé par eux. Nous pouvons les chosifier et réciproquement. Un passager qui nous observe peut donc être le témoin du fait que nous observons d'autres passagers : nous sommes un être-vu, qui chosifie et qui est vu chosifiant. Mais nous pouvons également décider de tourner notre regard vers ce passager qui nous observe et rompre le regard figeant.

De ce fait, pour Sartre, **les relations aux autres sont toujours quelque peu conflictuelles** et provoquent des sentiments tels que la honte, par exemple. Toutefois, **cette rencontre avec l'autre nous permet également de savoir**

**qui nous sommes**. En effet, lorsque l'autre nous réduit à une image, à une objectivation de ce que nous sommes, nous sommes capables de nous révolter contre cette image, de nous opposer à cette représentation que fait l'autre. Nous sommes alors capables d'être véritablement nous-mêmes. La rencontre avec l'autre a donc ceci de bénéfique qu'elle permet **le retour à notre propre liberté**. Elle nous permet de dépasser la détermination que l'autre fait de nous, et ce faisant, nous évitons de fuir nos propres possibilités et nous nous projetons.

« L'enfer, c'est les autres », dit le personnage de Garcin dans *Huis clos*. Cela signifie que si nous nous laissons enfermer dans le regard qu'autrui pose sur nous, dans la représentation qu'il a de nous, alors nous sommes incapables de donner sens à notre existence, d'user de notre liberté. Dès lors, nous mourrons sous le regard objectivant des autres qui nous observent. Mais nous pouvons aussi, en nous révoltant contre l'image qu'autrui a de nous, nous jeter dans cette expérience angoissante qu'est la liberté et nous engager.

## L'ACTION HUMAINE COLLECTIVE

*L'Être et le Néant*, qui traite exclusivement de la question de l'être, présente selon Sartre quelques manquements. Le philosophe tente alors, dans *Critique de la raison dialectique*, d'élaborer une morale du groupe : il réfléchit à l'action humaine collective, loin de l'individualisme auquel semble conduire *L'Être et le Néant*.

## La praxis et le pratico-inerte

Sartre propose un couple conceptuel illustrant **l'activité humaine individuelle ou collective** à travers deux modalités, active et passive :

- **la praxis** concerne **l'activité humaine en tant que transformation du monde en vue d'une fin** ;
- **le pratico-inerte** concerne **les « marques » laissées par les activités humaines**. Le pratico-inerte influence la praxis car il **détermine les circonstances dans lesquelles l'action future pourra être réalisée**, autrement dit dans lesquelles vont devoir jouer la liberté et l'action humaine future. Mais si les marques laissées par l'activité humaine conditionnent les activités humaines futures, alors cela signifie que ces marques réduisent également la liberté dont nous disposons.

## Refonder l'être-commun et la praxis

Pour le philosophe, **le marxisme se trompe quand il considère que l'aliénation de l'individu est due au capitalisme** et que la libération de l'homme aura lieu grâce à la suppression des classes sociales et à la création d'un État communiste.

En effet, ce qui caractérise le monde humain, c'est la sérialité : des hommes en série, les uns à la suite des autres, réduits à une force de travail et à un intérêt économique. Ils forment une simple juxtaposition d'individus isolés et interchangeables.

Dès lors, selon Sartre, **la classe ouvrière est aliénée par sa**

**sérialité** et non par le système capitaliste (<u>citation 8</u>).

En outre, **elle se définit par l'inertie et par la passivité** : les individus font ce qu'ils ont toujours fait, sans s'interroger et sans penser à ce qu'ils pourraient faire s'ils acceptaient de ne pas être déterminés par leur force de travail. En ce sens, ils sont caractérisés par le pratico-inerte : **ils agissent, mais en poursuivant une action qui a « toujours-déjà-existé » pour eux**. Tel un objet qui poursuivrait son mouvement par l'impulsion qu'on lui a donnée, les individus continuent d'agir, mais ils ne pensent pas à ce qu'ils font et ne remettent pas en question cet agir. Ils sont dès lors déterminés par leur action, alors qu'ils devraient être la source de cette action. Ils se réduisent donc à une marque, à une trace laissée par une action précédente qui se répète indéfiniment.

Toutefois, **ils ont la capacité de se rendre compte que l'autre, qui fait partie de la collectivité, est capable de praxis**. L'homme peut alors se voir dans l'autre et non voir l'autre comme un autre lui-même, passif. Quand il réalise que l'autre qu'il voit est capable d'un agir véritable, il peut se percevoir lui-même comme capable d'un tel agir. L'autre lui montre qu'il n'est pas un être passif, mais qu'il est susceptible d'être libre d'agir. En réalisant cela, il n'est plus un simple individu, trace d'une activité industrielle qui l'utilise comme force de travail, mais a la **possibilité de devenir un véritable acteur** : il peut parvenir à exister à travers sa praxis, à dépasser sa détermination d'être-travailleur caractérisé par le pratico-inerte, pour transformer le monde qui l'entoure.

Sartre ne parviendra pas à décrire une véritable morale collective, une morale du « nous » telle qu'il l'envisageait. Les propos que l'on retrouve dans les entretiens avec Benny Lévy montrent qu'il était toujours en recherche de l'expression juste d'une morale située entre liberté et contrainte.

Selon Sartre, « **l'existence précède l'essence** » : l'homme existe et se projette dans le monde, avant de se définir librement par ses actes et ses choix.

Le philosophe oppose **l'en-soi**, qui désigne **l'essence des choses**, et **le pour-soi**, qui désigne **la conscience de soi et des choses**. Contrairement aux objets, **l'homme est essentiellement pour-soi** : sa conscience se projette dans le monde et s'aperçoit qu'elle ne coïncide pas avec son en-soi, qu'elle est toujours au-delà. Ce faisant, l'homme découvre qu'**il est néant** : son pour-soi nie sans cesse être l'en-soi qu'il observe.

Lorsque l'individu prend conscience de sa liberté, il réalise en même temps l'importance de la **responsabilité** qui lui incombe et éprouve un sentiment d'**angoisse**. Celui-ci lui permet de **décider du cours de son existence**.

Concernant notre rapport avec autrui, **lorsque l'autre nous regarde, nous devenons pour-autrui**, explique le philosophe : nous sommes réduits à l'état de chose, à notre en-soi. Cependant, en nous révoltant contre l'image qu'autrui se fait de nous, nous redevenons des êtres libres.

Enfin, réfléchissant à l'action humaine collective, Sartre oppose **la praxis**, qui concerne **l'activité humaine** en tant que transformation du monde en vue d'une fin, et **le pratico-inerte**, qui concerne **les « marques » laissées par les activités humaines**. Le pratico-inerte détermine les circonstances dans lesquelles l'action future pourra être réalisée.

Pour le philosophe, **la classe ouvrière se définit par l'inertie et la passivité** : les individus font ce qu'ils ont toujours fait, sans s'interroger et sans penser à ce qu'ils pourraient faire s'ils acceptaient de ne pas être déterminés par leur force de travail. En ce sens, ils sont caractérisés par le pratico-inerte. Toutefois, ils peuvent se rendre compte que l'autre est capable de praxis et qu'ils sont eux aussi capables d'agir.

Votre avis nous intéresse !
Laissez un commentaire sur le site de votre librairie en ligne
et partagez vos coups de cœur sur les réseaux sociaux !

# POUR ALLER PLUS LOIN


- CLÉMENT (Élisabeth) *et alii*, *La Philosophie de A à Z*, Paris, Hatier, 2000.
- COHEN SOLAL (Annie), *Sartre 1905-1980*, Paris, Gallimard, 1987.
- COHEN SOLAL (Annie), *Sartre : un penseur pour le XXI^e siècle*, Paris, Gallimard, 2005.
- CONTAT (Michel) et RYBALKA (Michel), *Les Écrits de Sartre*, Paris, Gallimard, 1970.
- JEANSON (Francis), *Sartre*, Paris, Seuil, 2000.
- KUNZMANN (Peter), BURKARD (Franz-Peter) et WIEDMANN (Franz), *Atlas de philosophie*, Paris, Le Livre de Poche, 2010.
- *Lire*, Hors-série, *Jean-Paul Sartre (1905-1980)*, Paris, Express-Roularta, 2010, n°10, p. 48-55.
- RENAUT (Alain), *Sartre, le dernier philosophe*, Paris, Grasset, 1993.
- SARTRE (Jean-Paul), *Cahiers pour une morale*, Paris, Gallimard, 1983.
- SARTRE (Jean-Paul), *L'Être et le Néant. Essai d'ontologie phénoménologique*, Paris, Gallimard, 1976.
- SARTRE (Jean-Paul), *L'existentialisme est un humanisme*, Paris, Gallimard, 1945.
- SARTRE (Jean-Paul), *Critique de la raison dialectique. Tome 1 : Théorie des ensembles pratiques*, Paris, Gallimard, 1985.
- SARTRE (Jean-Paul), *Critique de la raison dialectique. Tome 2 : L'Intelligibilité de l'histoire*, Paris, Gallimard, 1985.
- SARTRE (Jean-Paul), *Situations*, 10 volumes, Paris, Gallimard, 1947-1976.

# TESTEZ VOS CONNAISSANCES !

## ASSOCIEZ CHAQUE CITATION À L'EXPLICATION QUI LUI CORRESPOND

**Citation 1 :** « Qu'est-ce que signifie ici que l'existence précède l'essence ? Cela signifie que l'homme existe d'abord, se rencontre, surgit dans le monde, et qu'il se définit après. » (*L'existentialisme est un humanisme*, Paris, Gallimard, 1945)

**Citation 2 :** « Sans la facticité [...] je pourrais me déterminer à naître ouvrier ou naître bourgeois. Mais d'autre part la facticité ne peut me constituer comme étant bourgeois ou étant ouvrier. » (*L'Être et le Néant*, Paris, Gallimard, 1976)

**Citation 3 :** « La conscience est ce qu'elle n'est pas et n'est pas ce qu'elle est. » (*L'Être et le Néant*, Paris, Gallimard, 1976)

**Citation 4 :** « Nous sommes seuls, sans excuses. [...] l'homme est condamné à être libre. Condamné, parce qu'il ne s'est pas créé lui-même, et par ailleurs cependant libre, parce qu'une fois jeté dans le monde, il est responsable de tout ce qu'il fait. » (*L'existentialisme est un humanisme*, Paris, Gallimard, 1945)

**Citation 5 :** « [S] i vraiment l'existence précède l'essence, cela signifie que l'homme est responsable de ce qu'il est [...] mais [aussi et surtout] qu'il est responsable de tous les hommes. » (*L'existentialisme est un humanisme*, Paris, Gallimard, 1945)

**Citation 6 :** « [L] » homme est angoisse. Cela signifie ceci : l'homme qui s'engage et qui se rend compte qu'il est non seulement celui qu'il choisit d'être, mais encore un législateur choisissant en même temps que soi l'humanité entière, ne saurait échapper au sentiment de sa totale et profonde responsabilité. »

**Citation 7 :** « Ainsi autrui est d'abord pour moi l'être dont je suis l'objet. C'est-à-dire l'être par qui je gagne mon objectivité. » (*L'Être et le Néant*, Paris, Gallimard, 1976)

**Citation 8 :** « La série est le mode d'être des individus les uns par rapport aux autres et par rapport à l'être commun. » (*Critique de la raison dialectique. Tome 2 : L'Intelligibilité de l'histoire*, Paris, Gallimard, 1985)

**Explication a :** l'en-soi, l'essence des choses, est factice : nous ne pouvons donc être réduits à notre en-soi.

**Explication b :** d'abord l'homme existe, c'est-à-dire qu'il s'engage dans le monde, ensuite il se définit par ses choix et par ses actes.

**Explication c :** ce qui caractérise le monde humain, c'est la sérialité, source d'aliénation : les hommes forment une simple juxtaposition d'individus isolés et interchangeables.

**Explication d :** l'homme est totalement libre et est, dès lors, seul responsable de ses actes et de ses choix.

**Explication e :** face à sa responsabilité, l'homme éprouve un sentiment d'angoisse.

**Explication f :** la conscience est néant dans le sens où elle envisage sans cesse son existence au-delà de ce qui lui est donné et nie constamment son être en-soi.

**Explication g :** l'existence humaine est contingente : les choses pourraient se produire différemment, car elles ne résultent que de circonstances extérieures ou de choix personnels.

**Explication h :** non seulement l'individu est responsable de ce qu'il est, mais il est également responsable de tous les hommes dans la mesure où, en faisant des choix, il crée une image de l'homme tel qu'il juge qu'il doit être.

**Explication i :** face à sa liberté, l'homme a deux possibilités : soit il répond à l'appel de la liberté, soit il se cache derrière de vaines excuses, faisant preuve de mauvaise foi et d'inauthenticité.

**Explication j :** lorsque nous rencontrons autrui, ce dernier nous objective, nous chosifie, et nous devenons pour-autrui.

# Rendez-vous sur lepetitphilosophe.fr et découvrez :

Plus de 1200 analyses
Claires et synthétiques
Téléchargeables en 30 secondes
À imprimer chez soi

L'éditeur veille à la fiabilité des informations publiées, lesquelles ne pourraient toutefois engager sa responsabilité.



www.lepetitphilosophe.fr

ISBN version numérique : 978-2-8062-4968-5
ISBN version papier : 978-2-8080-0115-1
Dépôt légal : D/2017/12603/499

Conception numérique : Primento,
le partenaire numérique des éditeurs.

Made in the USA
Monee, IL
07 July 2026

56545226R00020